AF332758

Byzance, qui les protégea et les trahit tour à tour, pendant qu'elle avait
à les soustraire aux attaques des khalifes de Bagdad. Cette incertitude de
leur destinée se prolongea durant quatre siècles. Elle ne cessa que lorsque l'Arménien Archod, issu de la famille des Bagratides, se fut, grâce à
l'aide du khalife, proclamé roi. La dynastie des Bagratides régna deux

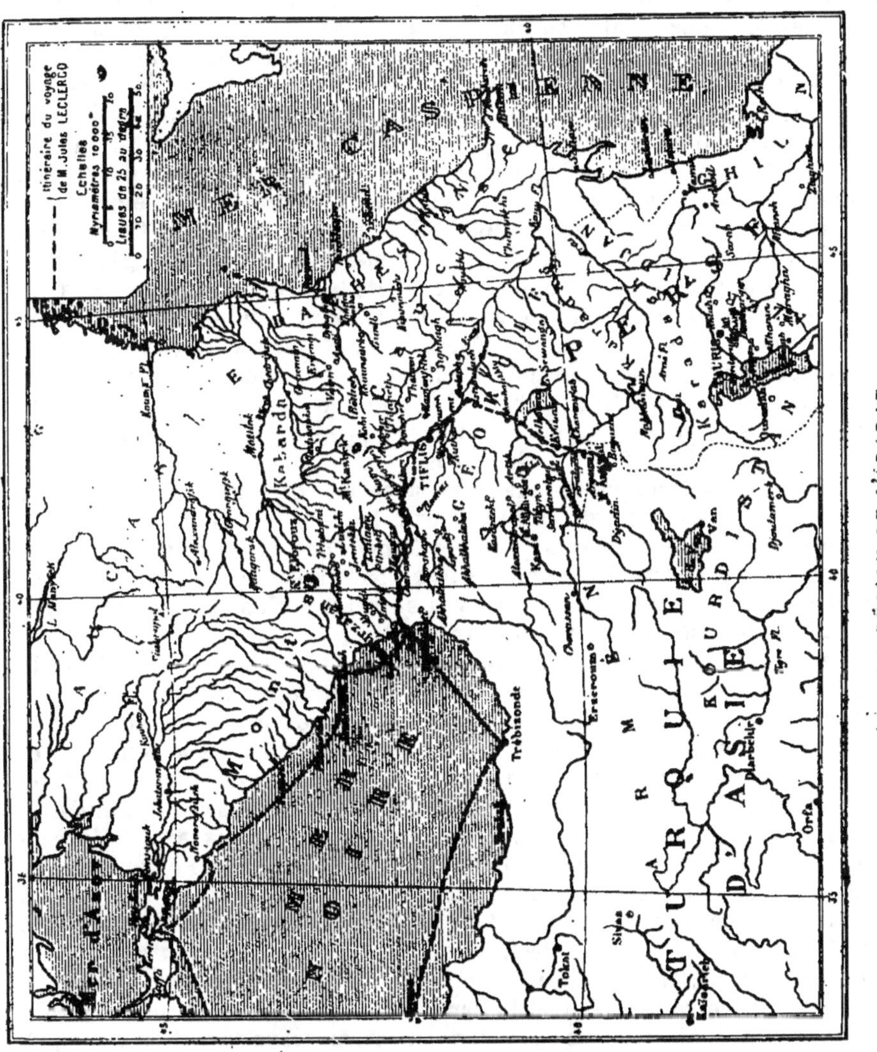

LA RÉGION DE L'ARARAT.

siècles, jusqu'en 1079 (1). Appelé perfidement à Byzance, le souverain arménien y fut victime de sa crédulité. Les Turcs envahirent son pays, puis
vint le flot des Mongols, qui submergea l'Arménie. Cependant, à la première invasion des Turcs, un héros arménien, Roupen, rassemblant sous le

(1) La race des Bagratides, qui se prétendait issue du roi David le Psalmiste,
s'est perpétuée jusqu'à nos jours, et c'est d'elle que descendait le prince Bagra-
tion, qui fut tué à Borodino en 1812 dans une des campagnes de Napoléon.
(Jules LECLERCQ).

drapeau de la liberté une partie de la population, alla fonder avec elle dans les défilés du Taurus le royaume de la Petite Arménie (1), qui ne disparut qu'en 1375, lorsque son dernier roi, Léon VI, d'origine française, fut capturé par les Egyptiens (2).

La Grande Arménie avait eu, de son côté, à soutenir le choc des Turcs seldjoucides qui, partis du fond des steppes de l'Oxus, se ruèrent sur elle. Au onzième siècle eut lieu le sac d'Ani (1075). Au quatorzième, quand l'empire des Mongols tomba en pièces, les Arméniens, d'abord soumis à ce joug, passèrent alternativement sous celui de la Turquie ou de la Perse. Les Kourdes fondèrent au sud de l'Arménie un Etat que se partagèrent plusieurs beys ; les Persans s'emparèrent des provinces arméniennes de l'est; les Osmanlis et Turcomans, de celles de l'ouest. Timour vint ensuite ravager le pays, et après le passage de cet ouragan les guerres entre les sultans et les shahs de Perse reprirent avec un nouvel acharnement.

La malheureuse Arménie fut tour à tour la proie des convoitises de ces deux voisins qui la dévastèrent en y jetant leurs armées. La période la plus funeste pour les Arméniens fut celle de la lutte entre Shah-Abbas Ier et Ahmed Ier. Pour arrêter la marche de l'ennemi, Shah-Abbas résolut de convertir toute l'Arménie en un désert. Ses agents, escortés par des soldats, reçurent l'ordre d'enlever les habitants et d'incendier les villes et les villages. Son but était double : il voulait se mesurer avec les Turcs en rase campagne et transporter dans son propre pays épuisé une population active, intelligente, industrieuse, qui en aurait assuré la prospérité. Ses instructions furent exécutées avec une barbarie inouïe : plus de 24,000 familles arméniennes arrachées à leur foyers, hommes, femmes, enfants, vieillards, se virent poussées à marches forcées vers la Perse. Beaucoup moururent en chemin, succombant à la fatigue ou aux mauvais traitements. Les soldats en massacrèrent plusieurs milliers. Un grand nombre se noyèrent dans l'Araxe.

La dernière guerre entre la Turquie et la Perse pour la sujétion de l'Arménie fut celle qui donna en 1746 la victoire à Shah-Nadir. Il y eut alors quatre-vingts ans de paix. L'Arménie put respirer et travailler à son relèvement autant que le lui permirent les exactions de ses gouverneurs kurdes, turcs ou persans. Ce qui prouve que sa situation était presque aussi cruelle qu'auparavant, c'est que les émigrations ne diminuèrent point. Les émigrants suivaient le chemin de ceux qui les avaient précédés depuis le onzième siècle, allant vers la Crimée, la Pologne et les terres situées au nord de la mer Caspienne. L'Arménie ne leur offrait plus de moyen d'existence. Le sol, jadis si riche, ne pouvait plus produire de fruits par suite de la destruction des travaux d'irrigation qui en secondaient autrefois la fertilité.

Le conflit entre la Russie et la Perse fut la première occasion de rupture de cette paix presque séculaire. Les Arméniens eurent beaucoup à souffrir en ces circonstances. La Perse se vengeait sur eux des échecs

(1) La Petite Arménie n'était qu'un vestige du royaume d'Ani, ainsi appelé de sa capitale, où résidèrent sous les Bagratides les rois et les patriarches arméniens. Ani, ville autrefois magnifique, est voisine d'Erivan. Aujourd'hui il n'existe plus que les ruines grandioses de ses centaines d'églises et de ses palais. Ces ruines attestent à quel degré de civilisation s'éleva ce royaume chrétien au cœur du moyen âge. (J. L.)

(2) Mis en liberté par le roi de Castille, il mourut à Paris en 1393. Son corps repose aujourd'hui à Saint-Denis.

que lui infligeaient les généraux russes Yermolof et Paskievitch. Par le traité de Turkmantchai (22 février et 5 mars 1828) la Perse perdit tout le pays arménien entre le Kour et l'Araxe, les khanats d'Erivan, de Nakhitchevan, les plaines du Mougan jusqu'au port de Lenkoran. Les conventions stipulaient que tous les Arméniens qui s'établiraient sur ces territoires y jouiraient des libertés accordées aux sujets russes et seraient placés sous la protection directe du tsar.

Dans la campagne turco-russe, qui suivit de près, la Russie obtint pour prix de sa victoire Anapa, Poti et les pays riverains de la mer Noire avec une grande partie du pachalik d'Akaltzikh. Les traités de Turkmantchai et d'Andrinople imposèrent à la Perse et à la Turquie respectivement des cessions de territoire. En outre, les deux puissances vaincues perdirent un chiffre assez considérable de leur population arménienne qui émigra dans les provinces cédées. Pour attirer les Arméniens, les Russes leur offrirent dans le Nakhitchevan, l'Erivan et le Karabag des terrains arables exempts pendant dix ans de tout autre impôt que la dîme à payer au trésor. A ces conditions avantageusés s'ajoutait la particularité que le siège du catholicos (patriarche d'Arménie) était compris dans la partie annexée par la Russie. Le tsar avait eu soin en effet d'exiger la cession du couvent d'Etsmiadchin, le sanctuaire le plus vénéré des Arméniens, où, suivant leur croyance, le fils de Dieu était apparu à saint Grégoire l'Illuminateur.

Afin de donner à l'émigration un caractère national, on mit à sa tête le colonel Lazare de Lazaref, qui jouissait d'une grande influence à cause de son rang élevé dans l'armée, de sa fortune immense et du puissant crédit de sa famille à la cour de Pétersbourg. L'empressement des chrétiens à quitter la Perse fut tel que du 11 au 23 juin 1828 on compta 8,249 Arméniens qui sortirent d'Aserbeidschan et principalement des khanats de Meraga, Salmas et Ourmiah. La perte fut évaluée pour le trésor persan à une somme annuelle de 100,000 tomans (plus de 5 millions de francs). Pour les Turcs, elle fut encore plus considérable, car les pachaliks d'Erzeroum, Kars et Bajazid furent désertés par 70,000 Arméniens qui franchirent l'Arpa-Tchai. L'archevêque d'Erzeroum, Garabed, emmena presque toute la population de cette ville. La plupart, cultivateurs ou artisans, se fixèrent sur les frontières de la Géorgie ou dans les environs de Gumry.

II

« On compte dans l'empire ottoman 2,400,000 Arméniens, dont 400,000 dans la Turquie d'Europe ; en Russie ils sont 800,000 et en Perse 250,000. Les trois quarts de la Grande Arménie, toute la Petite Arménie, toute la Cilicie, c'est-à-dire les deux tiers de la race arménienne, sont sous la domination du Croissant... »

L'Arménie russe, qui fait partie de la Transcaucasie, se compose, outre les pays conquis sur la Turquie et la Perse, de la partie de la haute Arménie qui fut cédée en 1783 par Eregle Khan, roi de Cartalie et de Kakhetie, à Catherine II. « En 1878, à la suite de la guerre qui éclata entre la Russie et la Turquie, la Porte céda à l'empire russe par le traité de Berlin les territoires de Kars et de Batoum et, avec ce dernier port, les territoires compris entre l'ancienne frontière turco-russe et une ligne déterminée. Les Russes possèdent ainsi les clefs de l'Asie occidentale, soit du côté de la mer Noire par Batoum, soit du côté d'Erzeroum et d'Alexandrette par Kars, soit du côté de l'Asie centrale par Bakou, d'où ils peuvent gagner l'Inde par Mesched el Hérat (1). »

III

Le mont Ararat, centre historique du plateau d'Arménie, forme le point d'intersection des trois vastes Etats qu'il domine. Comme le fait remarquer M. Jules Leclercq, c'est au sommet du pic secondaire du petit Ararat que convergent les limites de l'empire moscovite, de l'empire ottoman et de l'empire de l'Iran. « La ligne de démarcation de la Perse et de la Turquie part de cette cime en se dirigeant vers le sud-ouest ; celle entre la Turquie et la Russie court le long de l'arête qui réunit le pic secondaire au pic principal, longe la cime du grand Ararat dans une direction, nord-ouest, puis se dirige vers l'ouest, le long de la ligne de faîte de la chaîne volcanique qui sépare la province d'Erivan du pachalik de Bayazid. »

La province d'Erivan a une superficie de 27,822 kilomètres carrés. Sa capitale, Erivan, dont la population est de 15,000 âmes, est située sur la Zanga, au centre de mines de sel et de jardins fertiles. Les habitants, pour échapper aux influences du climat insalubre, se retirent dans les stations sanitaires de Semenovka et de Delijan. L'Erivan possède des gisements de cuivre à Novo Bayazet, près du lac Goktchai, et à Akoulis. On y rencontre plusieurs villes très anciennes, dont plusieurs sont en ruine. Nous avons déjà nommé Nakhitchevan et Ani. Le centre le plus important est Alexandropol (20,000 habitants), où se trouve la forteresse russe. Etchmiatzin n'est qu'un village au pied de l'Alagöz, mais son monastère le rend célèbre et la résidence du catholicos en fait un lieu de pèlerinage. C'est là que subsiste le foyer de la pensée arménienne ; c'est de là que part la voix écoutée qui dit aux Arméniens :

— Ne désespérez point ! La main droite de saint Grégoire l'Illuminateur est toujours assez forte pour frapper avec la massue les ennemis de l'Arménie ! Cette main vous sauvera ! (2)

Charles SIMOND.

(1) Voir LANIER, *Lectures géographiques*. Asie, 1re partie. (Belin frères.)
(2) Le saint, dont la main desséchée, renfermée dans une magnifique châsse en argent, est conservée dans le trésor d'Etchmiatzin, lorsqu'il eut vu descendre l'homme redoutable (le fils de Dieu), frappa avec sa massue le sol de la caverne où eut lieu l'apparition, et à l'instant furent englouties les fausses divinités et les puissances infernales qui infestaient l'Arménie. (C.S.)

ROUTE BORDÉE DE JARDINS AUX ENVIRONS D'ÉRIVAN.

L'ARARAT [1]

I

DE TIFLIS A ÉRIVAN

Le voyageur qui veut se rendre de Tiflis en Arménie prend le chemin de fer transcaucasien jusqu'à la station d'Akstapha, où l'on rejoint la route d'Érivan. Sur cette ligne, qui unit la mer Noire à la Caspienne, il n'y a qu'un train par jour, comme sur la plupart des lignes russes, et le départ a lieu à minuit, une heure après l'arrivée du train venant de Batoum.

Il faisait encore nuit quand, à trois heures et demie du matin, nous arrivâmes à Akstapha. Là nous fîmes marché avec un voiturier. Au point du jour, quatre chevaux tartares attelés de front nous entraînaient au galop sur la route de l'Arménie et de la Perse.

Deux lignes de poteaux télégraphiques marquent notre route à

(1) Ces pages sont extraites du volume intitulé *Voyage au mont Ararat,* par Jules Leclercq. (Paris, librairie Plon.)

perte de vue: l'une, faite de pieux de bois, appartient aux Russes et ne va pas au delà de la frontière persane; l'autre, faite de hautes tiges de fer, appartient aux Anglais : c'est le télégraphe indo-européen, qui rejoint l'empire des Indes en traversant la Perse.

La route poudreuse court en droite ligne à travers la plaine ensoleillée, où de loin en loin surgit un misérable village tartare, aux maisons en boue séchée, en forme de cubes, précédées de terrasses. Les femmes portent sur la tête des vases en cuivre contenant la provision d'eau qu'elles ont été puiser à l'heure matinale à quelque source du voisinage : vrai tableau de la vie primitive.

Ces Tartares, dont les récoltes de la saison ont été détruites

RUINES D'ANI.

par la grêle, sont réduits à la plus misérable condition. Les plus pauvres n'ont pour abri que de petites huttes en argile, à toiture en forme de coupole, véritables terriers sans fenêtres, n'ayant d'autre ouverture que celle de la porte. Ces huttes, groupées çà et là dans le steppe, sont si basses que de loin on les prendrait pour des abris destinés aux bestiaux.

Vers neuf heures du matin, nous changeons de chevaux au relais de Karavanseraï, village tartare situé à l'entrée de la montagne. Notre yemtchik nous tend la main pour recevoir la gratification de cinquante kopeks qu'il attend de nous, et nous repartons au galop, dans un nuage de poussière, avec un autre yemtchik.

Nous quittons le steppe nu pour entrer dans une verdoyante vallée qu'arrose une capricieuse rivière aux allures de torrent. Le paysage, frais et ombreux, rappelle les plus jolies vallées des Pyrénées: des champs de maïs contrastent avec la verdure des chênes, des platanes, des vignes sauvages ; de gracieux chalets, qui rappellent ceux de la Suisse, ont succédé aux huttes tartares.

Ce paysage s'accentue à mesure qu'on pénètre plus avant dans la montagne. La vallée se resserre entre d'énormes masses calcaires ou schisteuses où se font jour des roches ignées, basaltes et por-

phyres : elle ne forme plus bientôt qu'un défilé à peine assez large pour laisser passage à la rivière.

Nous arrivons bientôt à Delidjan, gros village blotti dans la montagne à 1,280 mètres au-dessus du niveau de la mer et qui doit à cette respectable altitude d'être un sanatorium en vogue, où les désœuvrés de Tiflis viennent passer la saison des chaleurs.

A deux heures nous repartons avec des chevaux frais.

De Delidjan au col d'Echek-Maïdan, la route s'élève de 900 mètres à travers une magnifique région alpestre toute couverte de forêts de hêtres et de chênes : c'est une hardie montée en colimaçon, qui rappelle celle de la fameuse route militaire du Dariel à travers la grande chaîne du Caucase. Laissant les chevaux suivre les interminables lacets, je me dégourdis les jambes pendant une heure par un petit sentier de montagne, où je croise trois inoffensifs paysans tartares n'ayant d'autre arme que des gourdins : ils me saluent dans leur langue, assez surpris de me rencontrer seul sur ce sentier désert.

Presque au haut de la montée, je rejoins la voiture, juste à temps pour éviter l'attaque d'une bande de chiens hargneux annonçant l'approche de Semenovka, une de ces nombreuses colonies de Sibériens qu'on rencontre sur les hauts plateaux de l'Anti-Caucase.

A cinq heures du soir, à peu de distance du village de Semenovka, nous atteignons le col d'Echek-Maïdan qui, s'ouvrant à 2,172 mètres d'altitude, forme comme le vestibule de l'Arménie. Du haut du col, nous voyons scintiller à nos pieds, comme un miroir céleste enchâssé dans un cadre grandiose des cimes neigeuses, l'immense nappe azurée du lac de *Gok-tchaï*, l' « Eau Bleue » des Tartares, le *Sevanga* des Arméniens.

Il fait nuit close lorsque nous reprenons la route d'Érivan. Le ciel, admirablement constellé, est sillonné d'étoiles filantes qui, comme des fusées lancées dans l'espace, jettent dans toutes les directions leurs lueurs fugitives. Comment dire la splendeur de ces belles nuits d'Asie ! De loin en loin, une petite lumière pique l'obscurité : ce sont les feux des postes de tchapars (1).

Nous couchâmes à Akhta, à quarante-cinq verstes d'Érivan, dans une station de poste si sale, si misérable, qu'un chasseur anglais aurait eu un scrupule de conscience à y faire gîter sa meute. Aussi n'avons-nous pas de peine à nous trouver debout avec l'aube.

A quelques verstes d'Akhta, nous vîmes se lever devant nous l'Ararat, dont la cime sacrée ne cessa de fasciner mes yeux dès ce moment. A vingt lieues de distance, elle se dressait comme un astre brillant paraissant hors de l'atteinte des humains.

Le massif volcanique de l'Allah-Göz (Œil de Dieu) se montre à son tour à l'ouest, sous la forme d'un vaste plateau boursouflé portant trois énormes aiguilles rocheuses, aiguës comme des dents de requin et trop escarpées pour que la neige puisse s'attacher à leurs parois, qui semblent défier l'escalade. La neige né séjourne qu'au fond du cratère éteint qui surplombe les aiguilles. L'Allah-Göz est, après l'Ararat, la cime la plus élevée de l'Arménie ; la carte de l'état-major russe lui donne une altitude de 4,095 mètres.

(1) Gendarmerie locale recrutée parmi les indigènes. Les tchapars ne sont pas des Cosaques, dont ils portent le costume à la tcherkesse bondée de cartouches. Ils sont armés de sabres et de fusils et galopent sur d'excellentes montures.

Est-ce le voisinage de l'Ararat qui lui fait tort? Cette montagne, qui le dispute en hauteur aux grands pics des Alpes Bernoises, m'a fait l'effet d'une colline insignifiante : l'illusion est peut-être due à la faible pente de l'immense plateau qui lui sert de piédestal.

Nos chevaux vont un train d'enfer, galopant en droite ligne vers l'Ararat, qui grandit de plus en plus. Encore quelques verstes, et nous arrivons à un grand village situé sur le bord même de la descente finale. Du haut des derniers contreforts de l'Anti-Caucase se déploie alors à nos yeux un panorama aussi féerique qu'inattendu : dans une verdoyante oasis formant comme une île de verdure au milieu du désert, est couchée une grande ville dominée par une vieille forteresse, hérissée de minarets et de coupoles bleues qui se détachent vivement sur la teinte uniformément grise des maisons à toits plats ombragées par des bosquets de tilleuls et d'acacias.

Cette gracieuse vision d'Erivan la Persane se grave en traits inoubliables dans les yeux et dans l'âme. A quelques lieues plus loin, se dessinent confusément, dans la distance, les constructions du célèbre monastère d'Etchmiatzin. Au bout de la plaine immense, l'Ararat se lève dans sa gloire.

II

ÉRIVAN.

C'est au grand galop de nos quatre chevaux attelés de front que nous fîmes notre entrée dans Érivan. Après avoir traversé presque toute la ville, le yemtchik s'arrête sur la place principale, devant l'unique auberge de l'endroit, où s'étale, en lettres russes, l'enseigne « Gastinitza London ».

Nous nous reposons et, la grande chaleur passée, nous prenons un drochki. Par quoi commencer notre promenade, si ce n'est par le bazar, qui, à Érivan comme dans tout l'Orient, est comme le résumé de la ville ?

Ce bazar d'Érivan m'a rappelé, dans des proportions plus modestes, ceux de Boukhara et de Samarcande. C'est un dédale de rues couvertes où, sous une apparente confusion, règne un ordre parfait. Chaque commerce, chaque corps de métier y a son compartiment particulier : une arcade est réservée aux tapis, une autre aux étoffes, une autre aux fourrures : boulangers, selliers, armuriers, bijoutiers, corroyeurs, cordonniers exercent chacun leur industrie dans un lieu spécial ; et comme ils travaillent au grand jour, on peut surprendre leurs procédés dans tous les détails.

Rien de plus curieux, par exemple, que le département où les boulangers persans se livrent à la fabrication du pain. L'ouvrier

demi-nu introduit sa pâte dans un four en briques porté à une
haute température par un foyer enveloppant ; puis il bouche avec
de l'argile molle l'ouverture du four, en sorte que la cuisson se
fait dans un milieu hermétiquement clos. Le pain est retiré du
four à l'état de grande galette de plusieurs mètres de superficie,
qui se débite par morceaux ; cette galette, mince et molle, cuite
sans levain, et d'une saveur assez insipide, ne rappelle en aucune
façon le pain en forme de gâteau que nous consommons en
Europe.

Très curieux aussi, le compartiment des tapis, où les marchands
persans, arméniens ou tartares exposent les merveilleux produits
de la Perse, du Caucase, du Kourdistan, du Khorassan, de la vallée

LA VALLÉE D'ANI.

du Tigre ; puis encore le compartiment des armuriers, où se trouvent ces vieux fusils turcs, ces pistolets damasquinés, ces kindjals
et autres armes bizarres qui constituent le pittoresque arsenal des
Kourdes.

On passerait de longues heures à errer d'arcade en arcade et à
se saturer de couleur locale dans cette délicieuse atmosphère du
bazar. Alors même qu'Érivan grille sous un soleil d'enfer, on
trouve une fraîcheur relative dans ces rues couvertes, où la lumière
et l'air brûlant du dehors ne pénètrent qu'à travers de rares ouver-
tures.

Aussi le bazar est-il un lieu de flânerie et de causerie autant
qu'un lieu d'affaires. La foule y afflue dès dix heures du matin,
diminue dans l'après-midi et regorge de nouveau à l'heure du
repas du soir, car beaucoup de gens y viennent manger le *chache-*

lik ou le *pilaw* sous les arcades des restaurateurs, et d'autres y viennent siroter leur thé et fumer leur *khalian,* longue pipe à eau à tuyau flexible en usage dans toute la Perse.

Dans cette foule se rencontre cette multiplicité de types qui forme la caractéristique des foules de l'Orient : l'Arménien en blouse de coton gris serrée par une ceinture d'argent, le noble fils

LE PLATEAU ARMÉNIEN. — ROUTE AUX ENVIRONS DE SEMENOWKA.

de l'Iran, dont une longue robe de couleur sombre enveloppe la taille fine et svelte ; le vigoureux Tartare, vêtu d'un grossier manteau en peau de mouton ; le fier Kourde, aux allures guerrières, armé de pistolets et de kindjals pendant à sa ceinture.

C'est un coudoiement de races, de langues et de costumes à dérouter le plus sagace observateur. Et encore, l'observateur se trouverait-il fort en peine à l'endroit des femmes, car, à l'exception des Arméniennes, elles ne laissent rien paraître de leur visage, et la longue robe bleue qui les enveloppe de la tête aux pieds ne permet pas même de deviner la forme de leur corps.

**

Le Meidan est une grande plaine découverte, ainsi que l'indique son nom, qui veut dire « prairie ». Elle est située entre le jardin public et la forteresse, en face du bazar, à l'endroit où se croisent les routes du Caucase et de la Perse. C'est, avec le bazar, le lieu le plus encombré de la ville, surtout aux heures matinales où le marché bat son plein.

A six heures du matin, une vie intense anime le Meidan, et je n'ai rien vu de plus chatoyant que la foule multicolore qui se presse autour des échoppes où s'étalent tous les produits de la Perse et du Kourdistan. Là s'accumulent les fruits merveilleux de la huerta d'Érivan, les gros melons dorés et succulents, les pêches de Perse, qui passent pour les meilleures du monde ; les pommes originaires de ce paradis terrestre, qui n'est pas loin, et surtout les raisins si savoureux, si riches de tons, qui sont ici dans leur véritable patrie, puisque le patriarche Noé, plus d'une fois nommé, planta à Érivan le premier cep de vigne.

Les marchandises sont amenées à la ville sur de primitifs chariots à roues pleines, sur des chevaux de charge ou sur des chameaux dont les longues files menées par des conducteurs tartares donnent une haute couleur orientale à cette plaine du Meidan, sur laquelle tombe de toute sa force un flamboyant soleil d'été.

Ce qui achève de caractériser la scène, c'est, de temps à autre, a troublante apparition d'un pasteur kourde, venu du fond des montagnes : son teint basané, son regard farouche, son allure fière et provocante, font un violent contraste avec la mine pacifique des fils de l'Iran et des paysans arméniens. Rien ne rappellerait l'Europe dans ce tableau si parfaitement asiatique, si par moments un Cosaque ne fendait la foule au galop de son cheval fringant.

A mesure que le soleil monte à l'horizon, le Meidan commence à se dépeupler. L'animation décroît en raison inverse de la chaleur. A midi, la place est déserte, les marchands ont emporté leurs échoppes, les paysans sont retournés à la campagne, les Kourdes sont rentrés dans leurs montagnes, les chameliers ont repris le chemin du désert, les habitants de la ville dorment chez eux, et il n'y a plus au Meidan que quelques chiens errants et un touriste solitaire se défendant au moyen d'une ombrelle contre un soleil d'enfer et contemplant l'Ararat. A cette heure brûlante, la cime neigeuse s'enveloppe prudemment, elle aussi, d'un voile de nuages. Cette noble silhouette de l'Ararat borne majestueusement à l'horizon la plaine d'Érivan, et, quoique la montagne se lève à dix lieues de distance, elle semble n'être qu'à deux heures de marche dans la diaphane atmosphère de l'Orient.

Ce qui porte bien l'empreinte de la civilisation persane, c'est le vieux palais des sardars d'Érivan. Ces sardars étaient des gouverneurs militaires, sorte de lieutenants qui administraient la province au nom du shah de Perse. De tout temps ils résidèrent dans la forteresse, où leur palais occupait un vaste emplacement dominant la rivière Zenga du haut d'un pittoresque rocher basaltique. Cette forteresse, aux murs en briques de boue séchée, est aujourd'hui en grande partie ruinée : quantité de bâtiments militaires modernes ont remplacé les anciennes constructions persanes.

Du palais, il ne reste plus que le ravissant pavillon couronnant le rocher au pied duquel coule la Zenga. Comme tous les palais de l'Orient, ce pavillon n'a rien au dehors qui puisse le faire remarquer; la toiture attire seule l'attention par le merveilleux éclat des couleurs des tuiles vernissées dont elle est couverte.

Mais si l'on franchit la porte de l'édifice, on se croirait transporté tout à coup dans un de ces palais des *Mille et une Nuits,* comme je n'en ai vu qu'à Samarcande et à Kokand.

L'adorable bijou de décoration orientale! Nous sommes dans une vaste salle qui servait aux sardars de salle de réception. Les murs et le plafond sont constellés de petites glaces disposées en charmantes mosaïques dont les mille facettes alternent avec des fleurs aux vives couleurs, des arbrisseaux, des emblèmes, des devises d'un gracieux dessin, des peintures représentant le shah chassant au lion ou au cerf. Le plafond est orné de petits pendentifs, en forme de stalactites, qui semblent une réminiscence de l'Alhambra.

Toute cette décoration, qu'il faut voir dans l'ensemble plutôt que dans les détails, est d'un effet prestigieux et donne une plus parfaite idée de l'art persan que les palais à demi européens de Tabriz ou de Téhéran.

La grande mosquée d'Érivan (*ghiot metched*) est un bijou d'architecture persane qui ne le cède guère aux mosquées de l'Asie centrale. Elle forme un des côtés d'un grand patio ombragé de mûriers séculaires, sous lesquels règne une délicieuse fraîcheur entretenue par une fontaine destinée aux ablutions des dévots. Autour du patio sont disposées les chambres des mollahs, celles des pèlerins hébergés gratuitement et les classes d'école où les mollahs enseignent aux enfants le tartare et leur lisent le texte arabe du Coran, auquel ils n'entendent guère plus que leurs élèves. C'est comme une petite ville pleine de silence, d'ombre et de fraîcheur, où règne une paisible atmosphère de prière et de recueillement.

La façade de la mosquée forme un majestueux portail ogival au-dessus duquel s'élève une coupole que recouvre un brillant revêtement de faïences jaunes et bleues disposées en mosaïques. A quelque distance de la coupole s'élance un élégant minaret, de forme circulaire, également revêtu de mosaïques en faïences, et

LE PATRIARCHE MERTITCH Ier.

supportant une galerie à colonnettes, du haut de laquelle descend la voix du muezzin qui appelle les croyants à la prière.

**

La simplicité de l'intérieur de l'édifice contraste avec la magnificence de l'extérieur : une enceinte carrée terminée par la cou-

pole, des murs ornés de textes sacrés, un parquet couvert de
nattes, sur lesquelles les croyants, après s'être déchaussés, se
prosternent vers le mikhrab, dans la direction de la Mecque, et un

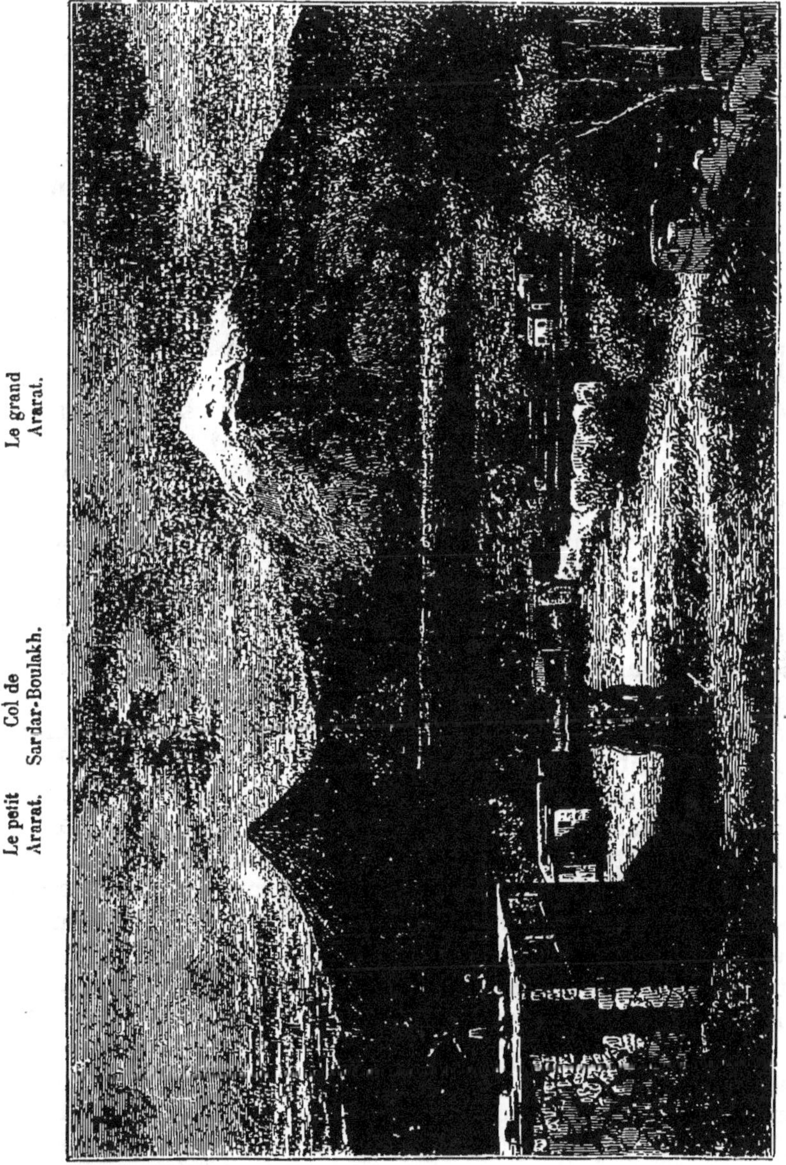

modeste pupitre en bois du haut duquel les mollahs interprètent
le Coran.

Après les mosquées, il reste à visiter un de ces fameux caravan-
séraïs qui se trouvent au cœur de la ville, au milieu d'un dédale

de ruelles étroites et tortueuses. Le caravansérai persan est une grande cour à ciel ouvert, carrée ou circulaire, autour de laquelle règnent des portiques où le voyageur campe avec son cheval ou son chameau, muni des provisions qu'il a achetées au bazar. Car le caravansérai n'est pas une hôtellerie dans le sens que nous attachons à ce mot : il n'offre autre chose qu'un abri contre le soleil et la pluie, et surtout contre les voleurs. L'hôtel de Londres, si piteux qu'il soit, vaut mieux, après tout, qu'un caravansérai!

Située dans une région triste et déserte que dévore un soleil implacable, Érivan n'aurait que peu d'attraits si les volcans gigantesques qui bornent de tous côtés la plaine ne contrastaient par leur aspect grandiose avec l'affreuse nudité de la nature environnante. Le paysage d'Érivan doit tout son charme au majestueux arrière-plan des montagnes qu'on voit s'horizonner au bout de chaque rue, au-dessus de chaque mosquée. La ville se trouve à peu près à égale distance des deux superbes massifs de l'Ararat et de l'Allah-Göz, qui surgissent l'un à soixante verstes au sud, l'autre à cinquante verstes au nord, tandis que vers l'est apparaissent les blanches cimes de l'Akhmangan.

L'Allah-Göz forme un vaste groupe volcanique hérissé de quatre cimes aiguës, dont deux, celles du sud, sont seules visibles d'Érivan. D'immenses coulées de lave en recouvrent les pentes. Quoique le point culminant du massif atteigne une altitude de plus de quatre mille mètres, les neiges disparaissent des cimes en été et ne persistent que dans les ravins : aussi l'Allah-Göz n'e-t-il pas l'aspect des soulèvements de premier ordre, et auprès de son imposant rival l'Ararat, il semble n'être qu'un humble vassal.

L'Ararat est le vrai point de mire du paysage d'Érivan, comme la Jungfrau à Interlaken, comme l'Etna à Catane, comme le Popocatepetl à Mexico. Dans son parfait isolement, il captive et enchante le regard, et c'est vers son éblouissante cime neigeuse que l'œil fasciné retourne toujours comme vers un diamant étincelant.

A chaque heure du jour, cette cime change d'aspect : le matin, elle se profile en lignes fines et nettes dans l'admirable transparence de l'atmosphère du haut plateau arménien. Mais insensiblement, à mesure que le soleil monte au zénith, l'air surchauffé de la plaine s'élève graduellement vers la montagne et, en atteignant la région des neiges, se condense en vapeurs qui ne tardent pas à former au sommet de l'Ararat une écharpe de nuages. Ces nuages aériens naissent dans un ciel très pur et errent autour de la cime pendant les heures brûlantes du jour, changeant constamment de place et ne s'évanouissant qu'au coucher du soleil, au moment où les courants d'air chaud de la plaine cessent de s'élever vers la montagne. Alors l'Ararat reparaît sans voile, s'illumine de teintes splendides et brille comme un phare sous les derniers feux du soleil. Et chaque jour le même phénomène se passe sur la cime glacée du pic solitaire, qui régulièrement se coiffe de nuages quelques heures après le lever du soleil, tandis que les sommets de l'Allah-Göz et des autres pics voisins restent à découvert parce qu'ils ne portent pas assez de neige pour condenser les vapeurs de la plaine.

C'est du haut des montagnes que franchit la route de Tiflis à Érivan que j'eus la première vision de l'Ararat. J'avais à peine quitté la pauvre station de poste où j'avais passé la nuit, quand j'atteignis le point culminant où la route quitte le bassin du Goktchaï pour descendre vers la plaine de l'Araxe, et l'impression fut d'autant plus vive qu'elle était inattendue.

Que ne puis-je manier la plume d'or du poète pour peindre une des plus grandioses apparitions dont il m'ait été donné de jouir dans ma vie de voyageur !

Il n'était encore que six heures du matin. Le soleil se levait dans sa gloire, projetant sa lumière la plus vive sur la cime glacée du grand Ararat, qui surgissait dans un prodigieux éloignement, pareille à une banquise des mers polaires. Dans la pure atmosphère matinale, la montagne se profilait nette et limpide, et à vingt lieues de distance son couronnement de neige avait des clartés flamboyantes.

« Voilà le Masis ! le Masis ! » s'écriait mon guide Ivan, et son visage s'illuminait de joie à la vue de la montagne sainte qui inspire aux Arméniens un respect filial. Comme lui, je me sentais saisi, en présence du mont du déluge, d'un religieux enthousiasme, et la contemplation de cette scène troublante réveillait en moi, avec une étrange intensité, de lointains souvenirs bibliques qui furent les premières impressions de mon enfance.

A côté du grand Ararat se levait, plus humble et plus gracieuse, la pyramide du petit Ararat. Les deux cimes jumelles, isolées de toutes les autres, semblent n'être accouplées que pour mieux faire valoir par contraste leurs formes et leurs dimensions respectives. Tandis que la cime inférieure se présente comme un cône parfaitement régulier, affectant la forme classique des volcans, le grand Ararat offre plutôt l'aspect d'une large coupole posée sur des contreforts massifs. Cette coupole resplendit de la blanche auréole à laquelle on reconnaît les sommités les plus élevées de la terre : elle trône si haut que la cime voisine, qui dépasse environ trente fois la plus haute pyramide d'Égypte, semble n'être qu'un pygmée auprès du géant de l'Arménie.

Aucun voyageur n'échappe au ravissement que cause la première apparition de l'Ararat. Le prince Ouroussof m'en parlait comme d'un de ses plus inoubliables souvenirs de voyage. Tournefort est, je crois, le seul que cette vue ait laissé froid : n'ayant pas réussi dans sa tentative d'atteindre la cime, qui passait alors pour inaccessible, il lui a peut-être gardé rancune, et il prétend que la masse et la largeur de la montagne la font paraître moins haute qu'il ne s'y était attendu. Certes, elle n'a point l'admirable régularité et la gracieuse forme conique de sa voisine ; mais, vue à distance et d'une hauteur qui permet d'en apprécier les proportions, elle se révèle dans toute sa grandeur et dans toute sa gloire.

La majesté de l'Ararat est plutôt dans l'ensemble que dans les détails. La stérilité de ses pentes, l'uniformité de sa structure, la monotonie même des teintes de ses roches, ce manque de variété et d'imprévu est peut-être ce qui a fait dire à Tournefort que cette montagne est d'un aspect déplaisant. Mais le sens du beau et du grand manquait évidemment au célèbre naturaliste comme à la plupart des anciens voyageurs. C'est précisément cette simplicité

LE PETIT ARARAT.

de forme et de couleur qui éveille la sensation de l'immense, de l'incommensurable.

Je ne connais point dans les deux mondes de montagne plus harmonieuse, plus idéalement belle ; je n'en connais point qui paraisse s'élever si près du ciel. Sa cime blanche, magnifiquement éclairée par les feux naissants du soleil d'Asie, est pareille à une nuée suspendue dans l'infini et semble être complètement détachée de la terre. Rien de brusque, rien de heurté dans l'architecture du puissant édifice, dont toutes les lignes convergent harmonieusement vers le brillant cône neigeux qui en forme le couronnement. Ni contreforts ni ravins n'en déchirent les flancs ; l'œil n'est distrait par aucun accident de structure, par aucune couleur trop accentuée.

Combien grande une montagne qui se lève ainsi dans son austère nudité, dédaignant les parures et les ornements ! Quelle sérénité! Quelle inébranlable stabilité! Et par quelle simplicité de moyens la nature atteint au sublime !

***

Le nom d'Ararat, si classique qu'il soit parmi les géographes, n'est usité par aucune des populations voisines. D'après les uns,

CARAVANSÉRAÏ DANS LA VALLÉE D'AKSTAFA.

ce nom, qui semble être d'origine araméenne, désigne la « montagne par excellence » ; d'après d'autres, il signifie le « char vénérable ». Les Turcs et les Tartares appellent l'Ararat *Aghri Dagh* « montagne escarpée » ou *Arghi Dagh* « montagne de l'arche » ; les Persans l'appellent *Koh-i-Nuh* « montagne de Noé » ou encore, suivant Chardin, *Sahat Toppin* « la montagne heureuse ». Enfin les Arméniens l'appellent *Masis*, synonyme de « grand » ou de « sublime », et c'est la véritable dénomination locale, puisque le mont forme le point culminant du plateau d'Arménie. Le mot fait songer involontairement au *Masion* des anciens, mais il faut reconnaître que la description qu'en donne Strabon s'applique peu au massif arménien.

Le mont Ararat occupe, par 39°42' lat. N. et 61°86' long. E., une position qui a frappé tous les géographes. Comme l'ont remarqué Alexandre de Humboldt et Carl Ritter (1), ce soulèvement forme le nœud central de la plus longue ligne de plateaux qui se prolonge à travers l'ancien monde, du cap de Bonne-Espérance au détroit de Behring. Situé à peu près à égale distance de la mer Caspienne, de la mer Noire et de l'extrémité septentrionale de la grande plaine mésopotamienne qui semble avoir été plongée autrefois sous les eaux de l'Océan, le pic coupe en deux parties égales la longue ligne de dépressions presque continue que forment les déserts et les mers intérieures de Gibraltar au lac Baïkal.

C'est donc non sans quelque raison que les Arméniens, dans leur orgueil national, ont toujours considéré l'Ararat non seulement comme le centre historique du plateau d'Arménie, mais encore comme le véritable centre de gravité de tout l'ancien monde.

Le groupe volcanique de l'Ararat forme, avec ses deux cimes et ses contreforts, une immense ellipse d'une superficie de mille kilomètres carrés, s'allongeant du nord-ouest au sud-est. Au nord le massif borne la grande plaine d'alluvion de l'Araxe, qui se déroule à une altitude de 800 à 900 mètres ; au sud-ouest il domine le plateau de Bayazid, situé à 1,500 mètres au-dessus du niveau de la mer.

Si l'orographie de l'Ararat est en relation avec d'autres systèmes montagneux, le puissant volcan n'en forme pas moins, en apparence, un soulèvement indépendant, surgissant brusquement tout d'un jet, et cet isolement lui donne un caractère d'incomparable grandeur qui répond bien à l'idée qu'on se fait d'une des plus hautes cimes du globe.

L'isolement est parfait au nord, à l'est, au sud, où la montagne surgit du milieu de la plaine, comme le Vésuve et l'Etna ; au nord, aucune attache entre elle et le groupe trachytique du Goktcha, que domine le pic de l'Allah-Göz, le plus grand volcan de l'Arménie après l'Ararat ; à l'est et au sud, aucun exhaussement jusqu'au plateau de Kara-Bagh et aux chaînes chaldéennes courant dans la direction des lacs de Van et d'Ourmiah.

Mais à l'ouest, le groupe se relie visiblement par un exhaussement de 2,000 mètres d'altitude à la longue chaîne volcanique de l'Aghridagh, qui court entre le bassin de l'Araxe et celui du haut Euphrate, et va rejoindre le Taurus et les ramifications méridionales de l'Anti-Caucase.

(1) *Erdkunde, Asien,* vol. X.

Devant l'Ararat tous les monts voisins paraissent s'incliner comme devant leur suzerain. La chaîne de l'Aghridagh s'abaisse à son approche ; ses crêtes, moins hardies, semblent mourir dans la plaine et offrent, près de l'Ararat, la passe la plus basse ; et voilà que soudain son dernier anneau se relève jusqu'à l'altitude des plus hautes sommités de la terre et porte au-dessus des nuages sa majestueuse décoration de neiges et de glaces éternelles. Comme si les forces volcaniques qui soulevèrent le haut plateau arménien avaient dépensé toute leur énergie pour édifier la montagne du déluge. Des pics tels que l'Allah-Göz, qui paraîtraient gigantesques ailleurs, ne semblent ici que des collines.

III

ETCHMIATZIN.

Dans le voisinage immédiat d'Érivan se trouve Etchmiatzin, le berceau d'une des plus vieilles nations du monde. Il ne faut pas plus de deux heures pour franchir en une étape les dix-neuf verstes de steppes qui s'étendent entre les deux villes. La route passe sous la forteresse d'Érivan, franchit sur un vieux pont la rivière Zenga, puis court à travers une grande plaine blanche, nue, pierreuse, jonchée de débris volcaniques, laves, basaltes, obsidiennes, que roulèrent les eaux des rivières à l'époque où elles ne s'étaient pas encore frayé un cours régulier.

On ne peut se défendre d'une impression de désenchantement à la vue de la triste contrée qui mène à la résidence du patriarche de l'Arménie. On s'était plu à se représenter en imagination un couvent admirablement situé au pied de l'Ararat, au milieu d'une vallée solitaire remplie de verdure, d'ombre et de fraîcheur. On se réjouissait de saluer à distance les tours et les coupoles de la vieille église et d'entendre de loin le son grave de la cloche chrétienne monter vers la montagne sainte. Mais la contrée semble plus désolée à mesure qu'on approche du monastère, dont l'église n'est pas même visible de loin, car elle est si basse qu'on ne l'aperçoit d'aucun point de la plaine. Ce n'est qu'après avoir dépassé le petit village de Vagarschabad, dont les huttes de boue croulante sont tout ce qui reste de la fameuse capitale de la province de Godaïk, fondée par un des plus anciens rois de l'Arménie, qu'on voit enfin se lever à l'horizon les trois tours circulaires à clochers trapus surmontant les trois vieilles basiliques de Saint-Grégoire, de Sainte-Kaiane et de Sainte-Rhipsime, que les Tartares désignent sous le nom d'*Utchkilissa* (les trois églises) et les Arméniens sous le nom d'*Etchmiatzin* (Descente du Fils unique).

Il ne reste de toutes ces choses passées que les trois couvents.

Des trois couvents, auxquels Etchmiatzin doit sa célébrité séculaire, deux sont dans un tel état de vétusté que le jour n'est pas éloigné où il n'en restera plus que des ruines. Le seul qui soit entretenu par la piété des fidèles est celui qui depuis les premiers siècles a servi de résidence au chef spirituel de l'Église arménienne et qui passe, aux yeux des historiens du pays, pour le plus ancien établissement monastique de ia chrétienté.

C'est dans ce monastère que les étrangers reçoivent l'hospitalité, car il n'y a, dans la localité, ni gastinitza ni caravanséraï.

Pour n'avoir pas l'aspect grandiose et saisissant de nos vieilles cathédrales gothiques, l'église patriarcale n'en est pas moins un des plus curieux et des plus anciens monuments de la chrétienté. Fondée en l'an 302 par saint Grégoire l'Illuminateur sur les ruines

UNE ESCORTE DE COSAQUES.

d'un temple païen, elle fut plus d'une fois partiellement détruite et restaurée à la suite des innombrables invasions dont l'Arménie a été de tout temps le théâtre. Dès le sixième siècle, elle était en ruine, par suite du changement de résidence des patriarches qui, en 452, avaient suivi à Tovin les rois d'Arménie, et ce ne fut qu'en 618 qu'elle fut restaurée par le patriarche Ganidas. Le style byzantin dans lequel elle est conçue a conservé toute sa saveur archaïque et trahit une antiquité beaucoup plus reculée que celle des églises d'un style bien différent dont on admire les restes dans la fameuse ville ruinée d'Ani, l'ancienne capitale de l'Arménie, détruite au douzième siècle.

La partie centrale de l'édifice paraît être du septième ou du huitième siècle. On suppose même que certains morceaux remontent jusqu'au quatrième siècle, hypothèse qu'il est d'ailleurs assez difficile de vérifier, parce que l'architecture des édifices datant de cette époque lointaine ne varie guère d'un siècle à l'autre.

Comme toutes les anciennes églises chrétiennes, celle d'Etchmiatzin est orientée vers l'est. Le plan de l'édifice est celui d'une
croix à bras très courts, ou plutôt d'un carré parfait dont les
quatre côtés s'ouvrent légèrement en retrait pour former l'abside

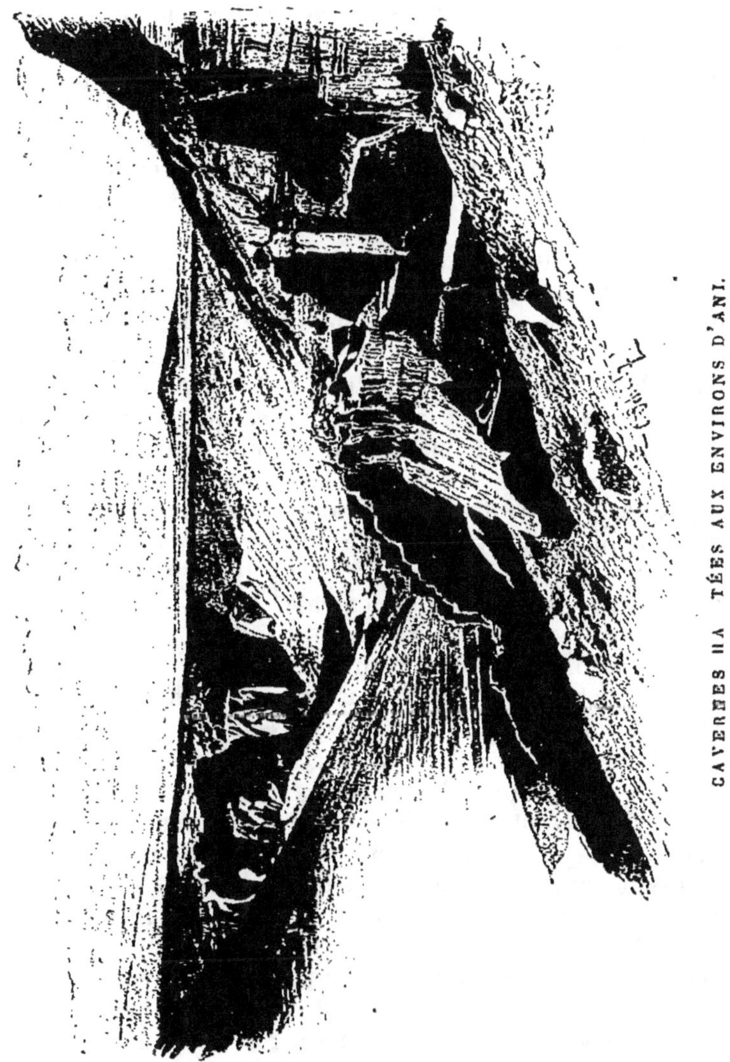

et les transepts. Trois portes y donnent accès : la principale, celle
de l'ouest, s'appelle « la Porte des Illuminés ». Au centre de la
croix s'élève, s'appuyant sur quatre piliers, une tour à dix pans,
surmontée d'une toiture conique. La façade est précédée d'un
grand porche carré à deux étages percés de fenêtres en plein
cintre ; quatre gracieux clochetons à toiture conique surmontent
le porche, les transepts et l'abside. Le porche, la tour centrale et

les clochetons, conçus dans le style arménien pur, ne semblent pas remonter au delà du dix-septième ou du dix-huitième siècle. Derrière l'abside se trouve une annexe moderne, à coupole ronde, qui renferme le trésor, et dont le style renaissance fait un criant contraste avec l'aspect archaïque du reste du monument. Le porche est, de toutes les parties de l'édifice, celle qui frappe le plus par l'originalité du style : les sculptures, un peu gauches, du cintre et des corniches, les naïves peintures hiératiques qui ornent les murs et les voûtes ont une haute saveur locale. Sous le porche se trouve la tombe en marbre blanc du colonel Mac-Donald, envoyé britannique à Téhéran, qui, revenant de la Perse, expira à Tabriz en 1830 et exprima en mourant le vœu que son corps fût transporté à Etchmiatzin.

Ce qui frappe tout d'abord un œil habitué aux vastes proportions de nos cathédrales, c'est l'exiguité de l'édifice : le sanctuaire où siège le patriarche d'une religion dont les adeptes sont dispersés dans le monde entier n'est guère plus grand qu'une de nos églises de village. Mais, si petites que soient les dimensions de l'enceinte, elle est grande par les siècles qui s'y sont accumulés, et l'impression est troublante. On respire je ne sais quel âpre parfum d'antiquité sous ces vénérables voûtes pleines de silence et de mystère, et dans les demi-ténèbres succédant à l'éclatante lumière du dehors l'imagination cherche à reconstituer le temple païen de la déesse Anahid, dont la statue s'élevait à l'endroit même où se dressent, sous la coupole centrale, l'autel et le tabernacle reposant sur quatre colonnes d'albâtre.

De l'autel vient le nom d'Etchmiatzin, « le fils unique descendu, » qui a été donné au monastère. Une plaque de marbre marque le lieu précis où, suivant l'expression de l'historien Indshidskhean, « saint Grégoire l'Illuminateur vit descendre l'homme redoutable. » La plaque de marbre recouvre la caverne dans laquelle le saint, ayant frappé le sol avec sa massue, engloutit les faux dieux et les puissances infernales qui infestaient l'Arménie avant la divine apparition. Parfois, quand le vent siffle dans les profondeurs souterraines, les moines croient entendre les hurlements des démons torturés dans les enfers.

Comme dans les églises grecques, une iconostase sépare l'abside du reste de l'enceinte. Dans l'abside s'élève, à droite, le trône du catholicos, en ébène incrusté de nacre. Sur le maître-autel sont déposés la mitre et le bâton du catholicos : lorsque le siège patriarcal devient vacant, ces insignes restent à cette place jusqu'à ce qu'un nouveau patriarche soit entré en possession de la dignité suprême.

Les murs de l'église sont ornés de fresques d'un caractère emblématique, assez difficiles à distinguer dans la pénombre, fleurs, oiseaux fabuleux, arabesques, dont les dessins bizarres et naïfs

encadrent les portraits un peu roides des patriarches et des saints
de l'Arménie. Une peinture d'un grand mérite représente le Christ
bénissant les enfants : elle est du célèbre voyageur arménien Ker-
porter, qui en a fait don au patriarche.

Le trésor se trouve dans la sacristie en style renaissance qui a
été annexée en 1860 à l'abside. On y voit, rangés sous des vitrines,
de riches ornements sacerdotaux de différentes époques, crosses,
mitres d'évêques, broderies, bagues, anciennes couronnes royales,
avec des étincellements d'or, d'argent et de pierreries à faire rêver
même le baron de Rothschild, qui visita dernièrement le monastère. Une vitrine spéciale renferme les nombreux présents offerts
aux patriarches par les souverains de tous les pays, depuis le
moyen âge jusqu'à l'époque actuelle : à en juger par le nombre
de décorations exposées, le catholicos est certes un des hommes
les plus chamarrés de notre temps. Entre autres reliques plus ou
moins authentiques, on montre le portrait de la sainte Vierge par
saint Luc et la prétendue tête de lance qui aurait percé le côté de
Notre-Seigneur, et qu'aurait apportée en Arménie l'apôtre Thadée
en personne.

À Etchmiatzin, la résurrection du passé est plus troublante encore
que dans nos cloîtres d'Europe. Quand on parcourt le plus vieux
monastère de la chrétienté, fondé au pied de la montagne de Noé,
on n'éprouverait pas grande surprise à rencontrer sous ces voûtes
séculaires l'apôtre de l'Arménie lui-même, dans toute la pompe
de son majestueux costume de patriarche.

Entrons d'abord, si vous le voulez bien, dans une des salles les
plus anciennes, le réfectoire d'été. Situé dans un vaste souterrain,
c'est, dans la saison chaude, le lieu le plus frais, le plus agréable,
le plus recherché du couvent.

Imaginez une sorte de hall voûté, long et étroit, avec deux rangs
de tables courant parallèlement d'un bout à l'autre de la salle
entre deux autres rangs de sièges où peuvent s'asseoir deux cents
commensaux; des nappes blanches recouvrent les tables, des
coussins de cuir garnissent les bancs. A une extrémité de la salle
se trouve le trône du patriarche, qui, à certains jours, préside au
repas sous un dais; à l'autre extrémité se trouve une sorte de
pupitre sur lequel est déposé le livre saint dont le texte du jour
est lu avant et après le repas : touchante coutume, qui rappelle
d'une façon frappante les fraternelles agapes de la primitive Église.

Ce qui donne à ce réfectoire monastique un caractère de haute
antiquité, c'est qu'on n'y voit pas d'autres matériaux que la pierre :
tables, bancs, trône et pupitre sont en pierre et fixés à perpétuelle
demeure. J'imagine que les premiers chrétiens devaient manger
de la même façon, dans des salles du même aspect solide et rus-
tique. Cette partie du couvent, à en juger par le style, doit
remonter au cœur du moyen âge.

Non moins ancienne est la bibliothèque, située à l'étage supérieur du même bâtiment. L'antichambre, qui sert de salle de réception au catholicos, renferme une curieuse galerie de portraits représentant toute la série des princes qui régnèrent en Arménie. Les personnages sont tous en costume de roi de carreau, et la vue d'un jeu de cartes donne une assez bonne idée de ces anciens rois d'Arménie, dont les armoiries, généralement peintes dans un coin du tableau, figurent le mont Ararat surmonté de l'arche de Noé.

De cette antichambre on passe dans une suite de salles voûtées, datant probablement du douzième siècle, où sont rangées sur des

ÉGLISE D'ETCHMIATZIN.

rayons de bois les collections de volumes et de manuscrits. Pendant longtemps ces collections croupirent sous la poussière et la vermine d'un obscur taudis, où les moines les avaient reléguées sous prétexte de les soustraire aux rapines des Turcs et des Persans. Depuis que l'ère des pillages a cessé sous l'œil paternel de l'administration russe, les livres ont pu être placés dans un local convenable où ils sont à l'abri des dégradations.

Etchmiatzin est un foyer d'enseignement arménien en même temps qu'un centre religieux. Dans un grand bâtiment moderne, à l'est de l'église, se trouve un établissement d'instruction qui s'appelle « l'académie ». C'est tout à la fois un gymnase et un séminaire où se forment les jeunes Arméniens qui se destinent à l'état ecclésiastique et aux carrières professionnelles. L'éducation dure neuf ans pour les séminaristes, deux ans pour les étudiants professionnels. Les cours se donnent en langue arménienne, et l'on y enseigne en outre le russe et les différentes langues parlées en Arménie. Les élèves logent dans l'établissement; mais, comme on était au temps des vacances, ils étaient tous retournés dans leurs familles, en Perse, en Turquie, en Géorgie, en Anatolie.

L'académie d'Etchmiatzin m'a paru, en somme, un établisse-

ANI. — TOUR EN RUINE.

ment modèle d'instruction, que je n'ai pas été peu surpris de rencontrer au pied de l'Ararat. De grands progrès y ont été réalisés depuis le temps où un voyageur, examinant les élèves, ne pouvait faire dire, même à ceux qui portaient la barbe, combien de jours il y a dans l'année.

Les évêques arméniens ont compris qu'il fallait répandre l'instruction non seulement par l'enseignement. mais aussi par la presse. Une imprimerie et un atelier de fonte de caractères sont installés, pourvus d'un excellent outillage, dans l'enceinte du monastère.

Le collège et l'imprimerie ont rendu au monastère une partie de l'animation qui y régnait autrefois, lorsque des milliers de pèlerins s'y rendaient de tous les points de la Perse, de la Géorgie et de l'Asie Mineure. Cette source de bénéfices a presque complètement disparu. Disparus aussi les beaux jours où Etchmiatzin servait d'étapes aux caravanes qui faisaient le trajet entre la mer Noire et la Perse. Depuis la conquête russe, les marchands persans, pour éviter les droits de douane, se rendent à Trébizonde par les routes turques.

Aujourd'hui les revenus du couvent ne sont plus alimentés que par les fermages des terres et surtout par les contributions volontaires des riches négociants arméniens, disséminés dans toutes les parties du monde. Une bonne partie de ces revenus, qui n'atteignent pas annuellement 100,000 francs, sert à couvrir les dépenses du collège et de l'imprimerie ; le reste est affecté au traitement du patriarche et à l'entretien des moines.

Les cellules des moines, au nombre d'une trentaine, se trouvent dans l'aile nord du couvent, faisant face à la bibliothèque. Elles s'ouvrent toutes sur la grande cour et ont un aspect aussi monacal et aussi simple que possible.

Le costume des moines d'Etchmiatzin ne manque ni de grâce ni de noblesse : une longue robe noire en fine serge et une coiffure de forme conique, enveloppée d'un voile noir qui flotte sur les épaules. Ce costume rehausse étrangement l'aspect patriarcal de leur visage, qu'encadrent magnifiquement de longues barbes et de longs cheveux. Ils sont plus propres et plus soignés dans leur personne que ne le sont généralement les moines orientaux.

La vie des moines se partage entre la prière, le jeûne, les offices et l'étude ou la rêverie. Sauf des jeûnes multipliés, la règle n'est pas aussi sévère que dans les couvents d'Europe. Le premier office, auquel tous doivent assister, a lieu à une heure du matin ; après quoi, chacun regagne sa cellule, jusqu'à ce que le son béni de la cloche annonce l'heure du repas. La soupe, la viande bouillie, le pilav ou plat de riz, le poisson, tel est l'ordinaire, que rehausse un excellent vin blanc ressemblant beaucoup au sauterne. Évêques, prêtres, moines, séminaristes, tous mangent en commun, mais ce n'est qu'aux grandes fêtes de l'année que le catholicos préside aux repas. Aux époques du jeûne, le poisson même est banni de la table. Le jeûne est observé très rigoureusement, car, aux yeux des Arméniens, toute infraction à cette loi est considérée comme le plus grave de tous les péchés. Après le repas, chaque ecclésiastique vaque aux affaires qui lui incombent : les évêques visitent les villages voisins, les archimandrites tiennent école, les moines vont les uns à leurs études ou à leurs prières, les autres à leurs travaux de jardinage, les séminaristes suivent

les leçons du gymnase. Le soir venu, nouvelle réunion à l'église :
un évêque lit l'Évangile, et la récitation des prières alterne avec
les chants lamentables et monotones des moines, qui suppléent
à la musique instrumentale, complètement inconnue à Etchmiatzin. La messe n'a lieu que le dimanche et les jours de fête,
et le privilège de la célébrer n'appartient qu'aux évêques et
aux archimandrites; aux fêtes solennelles, le catholicos (1) officie
lui-même. Après le repas du soir, chacun se retire dans sa cellule
et se livre à un repos bien mérité, après une journée aussi bien
remplie.

C'est dans l'aile occidentale de la grande cour que se trouvent
les salons du patriarche et les logements réservés aux archevêques,
aux évêques et aux archimandrites de tous les couvents d'Arménie,
qui se réunissent périodiquement à Etchmiatzin pour assister au
synode siégeant sous la présidence du catholicos.

Les salons du patriarche sont d'un aspect beaucoup plus modeste que je ne m'y étais attendu : on n'y voit que fort peu de ves-
tiges du faste et de la pompe que nous ont décrits les anciens
voyageurs. En fait d'œuvres d'art, on n'y remarque qu'une sculp-
ture en ivoire représentant le sacrifice d'Abraham, une reproduc-
tion en tapisserie de soie d'une madone de Raphaël et quelques
objets envoyés en cadeau au patriarche par des Arméniens rési-
dant dans l'Inde. Au nombre de ces objets de provenance exo-
tique se trouve le grand fauteuil orné des insignes patriarcaux,
sur lequel trône le catholicos lorsqu'il préside les séances du

(1) Le titre de catholicos, que porte le patriarche d'Etchmiatzin, représente la
plus haute dignité de l'Eglise, celle dont est investi le pontife suprême de qui
relèvent les évêques arméniens-grégoriens du monde entier. On l'appelle com-
munément le « patriarche ».
Le catholicos est choisi par une assemblée d'électeurs qui se réunit dans
l'église d'Etchmiatzin, une année après la mort du catholicos précédent. Autrefois, il était désigné directement par le conclave; mais aujourd'hui le choix
définitif est fait par le tsar, qui désigne l'un des deux candidats élus, et qui
peut même faire procéder à une nouvelle élection s'il lui plaît de n'agréer aucun
des deux candidats.
La cérémonie de l'élection se fait avec solennité et apparat, et ne dure pas
moins de trois jours. Un procureur laïque, venu de Saint-Pétersbourg, préside
au nom de l'empereur l'assemblée composée des membres du synode, des
évêques du pays et de tous les mandataires venus des districts les plus reculés
de la Turquie, de la Perse, de la Russie Chaque diocèse envoie un délégué
ecclésiastique et un délégué laïque. Les communautés trop éloignées pour se
faire représenter, telles que celles et de l'Asie centrale des Indes, adressent des
suffrages écrits au synode. Le premier jour, les électeurs prêtent serment dans
l'église devant la foule des fidèles, accourus de tous les points du pays pour
prier le ciel de bénir l'élection du chef de l'Eglise. Le deuxième jour, on procède
à l'élection de quatre candidats en prévision du cas où l'empereur ne ratifierait
la nomination d'aucun des deux candidats effectivement élus. Le troisième
jour enfin a lieu l'élection proprement dite. Les électeurs siègent dans leurs
magnifiques habits sacerdotaux, autour d'une table couverte d'un drap rouge,
sur laquelle sont déposés la croix et l'évangile, en face de l'autel où eut lieu,
suivant la tradition, l'apparition du Sauveur à saint Grégoire. Le cérémonial se
termine par un office solennel, et le résultat de l'élection est ensuite proclamé
dans toutes les contrées de l'Orient où se trouvent des communautés arméniennes.

synode. Aux murs, les portraits du catholicos et du tsar et une peinture représentant le mont Ararat. Une autre salle est ornée de scènes de martyre d'un réalisme effrayant, représentant toutes les tortures que subirent saint Grégoire et les autres saints de l'Arménie.

Jules LECLERCQ.

LA NOUVELLE MOSQUÉE D'ÉRIVAN.

www.ingramcontent.com/pod-product-compliance
Lightning Source LLC
LaVergne TN
LVHW020453060726

842525LV00005B/1684